# NATUR-
# WASCHMITTEL
# AUS WALD
# UND WIESE

**Das große kleine Buch**

Gabriela Nedoma

# NATUR-
# WASCHMITTEL
# AUS WALD
# UND WIESE

# Inhalt

Vorwort   6

**Moderne Waschmittel
in Daten und Fakten**   10

**Heimische Waschpflanzen**   15

**Rosskastanie:
Die heimische Bio-Waschnuss**   26

Waschen, heilen und pflegen
mit der Rosskastanie   33

**Efeu: Das immergrüne
Waschmittel**   42

Waschen, heilen und pflegen
mit Efeu   51

**Seifenkraut:**
**Die blühende Waschwurz**      58

Waschen, heilen und pflegen
mit Seifenkraut      65

**Weitere Waschpflanzen**
**aus Wald und Wiese**      73

**Eine grüne Zukunft**
**beginnt jetzt**      76

**Weiterführende Literatur**      78

Über die Autorin      80

# Vorwort

### Naturwaschmittel aus Wald und Wiese

In der Natur um uns wachsen heilsame Waschpflanzen im Überfluss. Auf Bäumen sprießen üppig Rosskastanien, an Hausmauern gedeiht der Schatten spendende Efeu und an Bachufern blüht das rosafarbene Seifenkraut. Diese Pflanzen erfreuen nicht nur das Auge, sondern sie warten darauf, kostenfrei gesammelt und genutzt zu werden.

Waschpflanzen enthalten natürliche Seifenstoffe, aus denen biologische Naturwaschmittel und natürliche Reiniger, Putz- und Geschirrspülmittel hergestellt werden können. Als Naturwaschmittel sind sie sanft zur Haut und selbst von Kindern und Menschen mit empfindlicher Haut, Neurodermitis, Psoriasis und Allergien anwendbar. Die natürlichen Waschtenside sind besonders umweltfreundlich und um ein Vielfaches schonender für Wasserlebewesen als im Handel erhältliche Waschmittel. Die Verwendung von Naturwaschmitteln trägt aktiv dazu bei, die Waschchemikalien in der Umwelt und den ökologischen Fußabdruck zu reduzieren.

### *Vom vergessenen Wert lokaler Waschpflanzen*

Die Nutzung lokaler Waschpflanzen hält die Haut gesund und entlastet die Umwelt. Ihre Verwendung als Naturwaschmittel steckt jedoch in den Kinderschuhen und nicht selten landen lokale Waschressourcen ungenutzt auf dem Komposthaufen. Paradoxerweise erfreut sich die weitgereiste indische Waschnuss zunehmender Beliebtheit und wird als natürliche Waschressource importiert. Die Waschnuss ist an sich eine gute Waschalternative, doch hinterlässt ihre Vermarktung einen tiefen ökologischen Fußabdruck. Bis zu 10.000 Kilometer reist sie von Asien nach Europa. Nicht alle im Handel angebotenen Waschnüsse sind nach kontrollierten Standards produziert und so steht ein Teil der Weltproduktion in Zusammenhang mit Kinderarbeit, Einsatz von Pestiziden und Ausbeutung von Menschen und Naturressourcen. Früher ein preiswertes Waschmittel für die lokale Bevölkerung in Asien, ist der Preis der Waschnuss durch die Nachfrage aus den Industrieländern um das Sechsfache und mehr gestiegen. Infolgedessen verwenden die Menschen vor Ort vermehrt Waschchemikalien und entsorgen diese mangels Kläranlagen ungefiltert in Gewässern. Die Waschnuss löst also keine ökologischen Probleme, sondern verlagert lediglich unsere Probleme nach Asien. Auf den Punkt gebracht: Es gibt nicht weniger »Schmutzwäsche«, sie wird einfach nur woanders gewaschen.

### *Ein Ratgeber, um grün und natürlich zu waschen*

In Auseinandersetzung mit der Waschmittelproblematik entstand mein Buch über die Nutzung der Rosskastanie als lokale Waschressource (»Naturwaschmittel Rosskastanie: die heimische Waschnuss als ökologische Alternative«). Das Interesse an diesem Thema ist sehr groß und viele Leser fragen seitdem nach weiteren regionalen Waschpflanzen. In diesem kleinen Ratgeber finden Sie alle wichtigen Informationen rund ums Sammeln, Verarbeiten und Verwendung unserer heimischen Waschpflanzen. Damit waschen Sie kostengünstig, schützen Ihre Haut und Sie tragen dazu bei, dass weniger Waschchemikalien verwendet werden.

Nutzen Sie also die lokalen Waschressourcen und geben Sie dieses Wissen aktiv weiter - Ihre Gesundheit und die Umwelt werden es Ihnen danken!

**Gabriela Nedoma**

# Moderne Waschmittel in Daten und Fakten

### *Sauberkeit verschmutzt die Umwelt*

Warum überhaupt natürlich waschen, wenn moderne Waschchemikalien Schmutz, Fett und jeden Fleck sofort entfernen? Unsere Sauberkeit verschmutzt die Umwelt, und den Preis für blütenweiße Wäsche zahlt oft die Natur. Über 40% der Schadstoffe in Abwässern entstehen durch Wasch- und Putzmittel. 650.000 Tonnen Waschmittel und 200.000 Tonnen Waschhilfen wie Weichspüler werden pro Jahr in Deutschland in die Gewässer entsorgt. Moderne Kläranlagen beseitigen erfolgreich einen großen Teil dieser Stoffe, doch nicht alle Waschchemikalien können aus den Abwässern entfernt werden. Kaum oder unzureichend abgebaut werden Waschhilfen wie Umwelthormone, Formaldehyde, EDTA, Phosphonate, Phthalate, wie auch 10% der Tenside. Um die 2.000 Tonnen Tenside pro Jahr kommen so zusammen, belasten den Boden und gehen neue Verbindungen mit Schwermetallen und Pestiziden ein. Auf diese Weise können Substanzen entstehen, die schädlicher als die Tenside selbst sind und Problemkreisläufe in Gang setzen. Ein Beispiel ist Nonylphenol, ein bedenkliches Umwelthormon mit östrogenisierender Wirkung. Es reichert sich in Gewässern, Pflanzen und Wasserlebewesen an und mittlerweile nimmt jede Person täglich über die Nahrungskette 7,5 Mikrogramm Nonylphenol zu sich. In einer Untersuchung von 60 Lebensmitteln wurde dieses Umweltgift in allen kontrollierten Lebensmitteln nachgewiesen, von Äpfeln und Butter bis hin zu Muttermilch und Babynahrung (Quelle Greenpeace: https://www.greenpeace.de/themen/endlager-umwelt/test-nonylphenol).

## *Hautbelastung durch viel Chemie*

Moderne Waschmittel sind aus Baukastensystemen zusammengesetzt und enthalten neben waschaktiven Tensiden im Durchschnitt 15 weitere Substanzen. Diese Begleitstoffe optimieren das Waschergebnis, indem sie Flecken entfernen, Verfärbungen verhindern, Textilien bleichen, Schaumbildung hemmen, Farben fixieren, beduften, desinfizieren, konservieren usw. Neben ihrer positiven Wirkung auf das Waschergebnis können eine Reihe an Substanzen in Waschmitteln Haut und Gesundheit belasten.

**Synthetische Tenside** entfernen den natürlichen Säureschutzmantel, können die Austrocknung der Haut fördern und Wundheilungsprozesse verzögern. Sie machen die Haut durchlässig und erhöhen ihre Anfälligkeit für Keime, Pilze und Bakterien.

**Bleichmittel** wie Perborate können Ekzeme und Irritationen verursachen und allergische Reaktionen auslösen.

**Optische Aufheller** greifen in die Stoffwechselprozesse der Haut ein und können die Hautregeneration beeinträchtigen.

**Formaldehyde** sind krebserregend und finden Anwendung als Desinfektionsmittel in manchen Waschmitteln.

**Synthetische Duftstoffe** sind aufgrund der aggressiven Beduftung der Waschmittel eine häufige Quelle für gesundheitliche Probleme. Sie können Reizungen der Haut, Augen und Atmungsorgane bewirken, allergische Reaktionen hervorrufen, Juckreiz, Entzündungen, Ekzeme und hormonelle Veränderungen begünstigen.

**Weichspüler** belasten besonders stark die Gesundheit und die Umweltkreisläufe aufgrund ihrer Inhaltsstoffe wie hormonwirksame Phthalate, biozides Triclosan, umweltbelastende kationische Tenside oder schaumhemmende Silikone.

### So können Sie 4 kg Waschchemikalien pro Jahr einsparen

*Über 50% der Wäsche landet nach einmaligem Tragen kaum oder nur leicht verschmutzt in der Waschmaschine. So kommen 550 kg Wäsche, 100 Waschgänge und 8 kg Waschpulver pro Jahr und Kopf zusammen. Selbst wenn Sie »nur« Ihre leicht verschmutzte Kleidung von nun an mit Waschpflanzen waschen, sparen Sie 4 kg Waschchemikalien pro Jahr ein.*

# 10 *Tipps zum hautfreundlichen und umweltschonenden Waschen*

- ☞ Kaufen Sie biologische Waschmittel oder waschen Sie mit Waschpflanzen.
- ☞ Vermeiden Sie konventionelle Wasch- und Putzmittel.
- ☞ Wählen Sie unbeduftete Waschmittel.
- ☞ Verwenden Sie keine künstlichen Weichspüler.
- ☞ Weichen Sie die Wäsche über Nacht ein und sparen Sie dadurch Waschmittel.
- ☞ Behandeln Sie Flecken und starke Verschmutzungen mit pflanzlicher Gallseife vor.
- ☞ Dosieren Sie die Waschmittel genau entsprechend der Empfehlung der Hersteller.
- ☞ Nutzen Sie die Kapazität Ihrer Waschmaschine optimal aus.
- ☞ Waschen Sie mit Wasser-Plus-Programmen, um Chemikalienrückstände gründlich zu entfernen.
- ☞ Tragen Sie Ihre Kleidung mehrmals, bevor sie gewaschen wird.

# *Heimische Waschpflanzen*

### *Nachwachsende Waschmittel aus der Natur*

Die Natur gibt uns alles, was wir für ein gutes Leben brauchen: Nahrung und Arzneien, Hautpflege und Waschmittel. Weltweit wachsen zahlreiche waschaktive Pflanzen, die als natürliche Seifen und Naturwaschmittel genutzt werden: in Asien der Waschnussbaum (*Sapindus saponaria*), in Südamerika der Seifenrindenbaum (*Quillaja saponaria*) und in Australien der Schaumrindenbaum (*Jagera pseudorhus*). In den gemäßigten Zonen Europas sind die wichtigsten Vertreter der Waschpflanzen der Rosskastanienbaum, der Efeu und das Seifenkraut, in denen sich grüne Seifenstoffe im Überfluss konzentrieren.

### *Saponine: Grüne Seife aus Bäumen und Kräutern*

Die natürlichen Seifenstoffe in Waschpflanzen heißen Saponine (lat. *sapo* = Seife). Diese waschaktiven Naturtenside schäumen beim Kontakt mit Wasser, machen das Wasser weich und lösen Fette sowie Verschmutzungen. Es gibt zahl-

reiche Saponinverbindungen in den Pflanzen, allein die Rosskastanie konzentriert in sich um die 30 Saponine. Charakteristisch für alle Saponine ist ihre reinigende, erweichende,
schleimlösende und desinfizierende Wirkung. Jedes Saponin
hat aber auch eine spezifische Heilwirkung: So stärken die
Aescine in der Rosskastanie Venenwände, das Hederin im
Efeu hat einen positiven Effekt gegen Cellulite und die Saponarioside im Seifenkraut lindern trockenen Husten.

### *Waschpflanzen und ihre heilsame Wirkung*

Die heimischen Waschpflanzen sind mild zur Haut und ideale Wasch- und Reinigungsmittel für Kinder und Menschen mit Neurodermitis, Allergien und sensibler Haut. Bleiben Rückstände der Seifenstoffe im Textilgewebe, braucht man sich keine Sorgen zu machen: Sie sind hypoallergen, desinfizierend, entzündungshemmend und reizlindernd. Waschpflanzen werden aufgrund ihrer heilsamen Wirkung auch in der Medizin als Arzneien verwendet. Die Rosskastanie wird vor allem bei Venenbeschwerden eingesetzt, Efeu bei Husten und Seifenkraut bei viralen Infektionen.

### *Universal anwendbar und effektiv*

Natürliche Seifenstoffe können universal als Wasch-, Putz- und Reinigungsmittel verwendet werden. Sie lassen sich mehrmals zum Waschen verwenden und sind dadurch besonders sparsam im Gebrauch. Aufgrund ihrer milden Wirkung eignen sie sich auch zur Reinigung von Haaren, Gesicht und Körper. Es können aus ihnen Pflegeprodukte wie Shampoos, Flüssigseifen oder Duschgels hergestellt werden.

### *Umweltfreundlich und ökologisch*

Waschpflanzen reduzieren den Verbrauch von Chemikalien und nutzen Naturressourcen. Wie aktuelle Untersuchungen belegen, bauen sich Saponine zu 100% rasch natürlich ab und sind wesentlich schonender für Wasserlebewesen als Waschmittel im Handel. Nach dem Waschen können die Rückstände der Waschpflanzen als Dünger weiterverwendet werden.

### *Alle Vorteile der Waschpflanzen auf einen Blick*

Es gibt zahlreiche Gründe, vor dem nächsten Waschgang einen Rundgang durch Wald und Wiese zu machen, denn Waschpflanzen

- 🖎 waschen natürlich und ohne synthetische Waschchemikalien sowie belastende Zusätze,
- 🖎 machen die Textilien weich und verleihen der Wäsche einen hohen Tragekomfort,
- 🖎 schonen die Farben und eignen sich besonders zum Waschen von Buntwäsche und sensiblen Textilien,
- 🖎 sind einfach in der Handhabung, geruchsneutral und sparsam in der Anwendung,
- 🖎 eignen sich für Kinder, Allergiker, Neurodermitiker und Menschen mit sensibler Haut,
- 🖎 enthalten heilsame Wirkstoffe und können Gesundheitsbeschwerden lindern,
- 🖎 waschen kostengünstig und bringen eine Ersparnis von rund 100 Euro pro Jahr für den Kauf von konventionellen Waschmitteln,
- 🖎 sind lokal nachwachsende Waschressourcen,

- 🖎 sind besonders umweltfreundlich und werden zu 100% natürlich abgebaut,
- 🖎 sind vegane Waschmittel und schützen Flora und Fauna,
- 🖎 verringern den ökologischen Fußabdruck und fördern die Selbstversorgung aus der Natur.

# *Praxiswissen Waschpflanzen*

## *Sammeln*

- ☞ Sammeln Sie nur Pflanzen, die Sie eindeutig erkennen.
- ☞ Sammeln Sie saubere und gesunde Pflanzenteile.
- ☞ Vermeiden Sie Plätze, an denen Pestizide und Chemikalien versprüht wurden.
- ☞ Achten Sie auf einen ausreichenden Pflanzenbestand und ernten Sie niemals alle Pflanzenteile. Lassen Sie mindestens 1/3 der Menge für die Naturmitbewohner stehen.
- ☞ Sammeln Sie nur so viel, wie Sie tatsächlich brauchen.

## *Sammelzeiten, Trocknung, Aufbewahrung*

Die Sammelzeiten sowie die Anleitungen zum Trocknen und Aufbewahren sind bei der Beschreibung der jeweiligen Pflanzen zu finden.

## *Zubehör*

Für die Rezepturen im Buch ist eine normale Küchenausstattung ausreichend.

**Arbeitsgefäße:** hohe Gläser, Gläser mit Schraubverschluss, Gefäße mit Gießvorrichtung, Töpfe mit 1-3 Liter Fassungsvermögen

**Zerkleinerer:** Messer, Mixer, Pürierstab; bei der Rosskastanie ist ein Hochleistungsmixer von Vorteil.

**Siebe:** feine Siebe, Teefilter, Kaffeefilter

**Verpackung:** Verwenden Sie recycelte Verpackungen wie Zerstäuberflaschen, Flaschen, große Gefäße zur Aufbewahrung der pulverisierten Waschpflanzen, Stoffsäckchen zum Waschen.

**Weiteres Zubehör:** Schneidebrett, Waage, Trichter, Löffel

### *Hygiene*

Sauberes Arbeiten ist der beste Konservierungsstoff! Hände, Arbeitsflächen, Arbeitszubehör und Verpackung vor der Arbeit mit 40%-igem Alkohol desinfizieren. Vermeiden Sie den Kontakt zu den Innenflächen der Verpackung nach dem Desinfizieren.

# Waschen mit Waschpflanzen in der Praxis

Für ein optimales Waschergebnis sollen folgende wichtige Punkte beim Waschen mit Waschpflanzen beachtet werden:

### Geeignete Textilien

Waschpflanzen eignen sich für alle Naturfasern wie Baumwolle, Leinen, Wolle oder Seide. Bei Mikrofasern und Funktionskleidung achten Sie bitte auf die Waschempfehlungen der Hersteller - diese Materialien sind in der Regel abgestimmt auf das Waschen mit synthetischen Tensiden.

### Weiße Wäsche, bunte Wäsche

Waschpflanzen sind optimale Waschmittel für bunte Textilien. Für weiße Wäsche kann pro Waschgang zusätzlich zu den Waschpflanzen ein mildes Biowaschmittel für weiße Wäsche verwendet werden. Für die Dosierung des Biowaschmittels reicht die Hälfte der empfohlenen Menge.

### Flecken entfernen

Behandeln Sie Flecken und schwere Verschmutzungen vor. Als Fleckentferner eignen sich vegane Gallseife, biologische Fleckentferner oder biologische Waschmittel aus dem Handel. Die Flecken sollen angefeuchtet und mit dem Fleckentferner besprüht oder eingerieben werden.

30 Minuten einwirken lassen, anschließend die Wäsche wie gewohnt waschen.

### Starke Verschmutzungen

Bei starken Verschmutzungen sollen pro Waschgang 2 EL Waschsoda oder ein mildes Biowaschmittel aus dem Handel verwendet werden. Für die Dosierung des Biowaschmittels reicht die Hälfte der empfohlenen Menge. Eine weitere ökologische Methode ist, die Wäsche über Nacht einweichen zu lassen; so lassen sich Verschmutzungen auch ohne viel Chemikalien leichter lösen.

### Ergiebigkeit und Dosierung der Waschpflanzen

Waschpflanzen können mehrfach zum Waschen verwendet werden, wobei ihre Waschkraft mit jedem Waschgang abnimmt. Die genaue Dosierung und Mengenangaben sind bei der jeweiligen Pflanzenbeschreibung zu finden.

### Fassungsvermögen der Waschmaschine

Pro Waschgang soll die Waschmaschine zu 2/3 mit Wäsche gefüllt werden.

### Waschtemperatur

Optimal sind normale Temperaturen zwischen 30 und 50 °C. Die Waschtemperatur der Textilien soll auf die Empfehlungen des Herstellers abgestimmt werden. Temperaturen von über 60 °C sind nicht empfehlenswert, da sich bei hohen Temperaturen die Gerbstoffe in Pflanzen stärker auflösen und Flecken und Verschmutzungen im Textilgewebe fixieren können.

### *Pflanzenteile zerkleinern*

Um die Saponine freizusetzen, müssen die Pflanzenteile möglichst klein geschnitten oder pulverisiert werden. Je kleiner die Pflanzenteile, umso schneller und gründlicher können sich die Saponine auflösen und umso besser ist das Waschergebnis.

### Waschprogramme

Verwenden Sie normale und Wasser-Plus-Waschprogramme. Vermeiden Sie Express-Programme; diese sind verhältnismäßig energieintensiver und brauchen mehr Waschmittel.

### Hartes Wasser

Bei einer Wasserhärte ab 15 sollten pro Waschgang 50 ml Naturessig im Waschmittelfach zugegeben werden.

### Weichspüler

Waschpflanzen machen die Textilien generell weich und angenehm beim Tragen. Zusätzlich können noch 50 ml Naturessig im Weichspülfach zugegeben werden.

### Wäsche beduften

Waschpflanzen sind duftneutral und für viele Menschen gerade deswegen angenehm. Wer dennoch seine Wäsche beduften möchte, kann 5-10 Tropfen 100% reines ätherisches Öl und 50 ml Wodka mischen und in das Weichspülmittelfach füllen. Alternativ kann ein duftendes Kräutersäckchen im Kleiderschrank aufgehängt werden.

# Rosskastanie: Die heimische Bio-Waschnuss

### *Rosskastanie als Waschpflanze*

Die Rosskastanie ist ein häufig anzutreffender Kulturbaum. Die Gemeine oder Weiße Rosskastanie (*Aesculus hippocastanum*) gehört zur Familie der Seifenbaumgewächse und enthält in allen ihren Pflanzenteilen Saponine. Zum Waschen werden die braunen, glänzenden Samen verwendet, die im Herbst reif sind und auf den Boden fallen.

In den Samen konzentrieren sich Saponine, vor allem Aescin, Bitterstoffe, Gerbstoffe, Allantoin, fettes Öl, natürliche Säure und Stärke. Mit einem Gehalt von 8-15% Saponin haben sie eine ähnliche Waschkraft wie die indische Waschnuss. Zusätzlich konzentrieren die Samen weitere waschfreundliche Substanzen, zu denen natürliche optische Aufheller, Wasserenthärter oder Farbfixationsmittel gehören, wodurch ihre Waschkraft erhöht und optimiert wird. Wie auch die Waschnuss kann die Rosskastanie 2-3-mal zum Waschen verwendet werden, wobei der Saponingehalt mit jedem Waschgang etwas abnimmt. Die Rosskastanie ist sehr ergiebig: 1 kg Rosskastanienpulver deckt den Jahresbedarf einer Person an Waschmitteln und ersetzt 8 kg an konventionellen Waschmitteln!

### *Die Rosskastaniensamen in der Naturapotheke*

Der Hauptwirkstoff in den Rosskastaniensamen ist Aescin, ein Gemisch aus 30 verschiedenen Saponinverbindungen.

Aescin dichtet die Kapillarwände ab und verhindert ihre Durchlässigkeit. Es wirkt tonisierend und regulierend auf die Venenwände und hat eine positive Wirkung bei Krampfadern, Venenentzündungen, Ödemen, schweren Beinen oder Couperose. Auf die Haut wirkt die Rosskastanie desinfizierend, entzündungshemmend, juckreizstillend und hautregenerierend. In der Volksmedizin werden Extrakte aus den Samen gegen Rheuma, Gicht, Verletzungen, Blutergüsse und Verstauchungen eingesetzt. Die Rosskastaniensamen sind ein mildes Reinigungsmittel und eignen sich für die Herstellung von Shampoos, Duschgels und Flüssigwaschmitteln. Die Samen enthalten Allantoin, eine Substanz mit hautregenerierenden, hautberuhigenden und desodorierenden Eigenschaften und eignen sich zur Reinigung und Pflege sensibler Haut.

### Umweltaspekte bei der Nutzung der Rosskastanie

Aktuelle Untersuchungen an der Fachhochschule Technikum in Wien bestätigen, dass »sich die Kastanienwaschlauge im Vergleich zu einem konventionellen Waschmittel als signifikant umweltfreundlicher herausgestellt hat«. In einem Algentest erwies sich das Vergleichswaschmittel 8-mal belastender für die Algen als die Rosskastanie. Analysiert wurde auch die Toxizität der Waschmittel für Kleinstwasserlebewesen. Die Ergebnisse sind beeindruckend: Die

Rosskastanienlauge ist um das 100- bis 1000-Fache weniger belastend für die Wasserlebewesen als das Vergleichswaschmittel aus dem Handel.

## *Sammeln und verarbeiten der Rosskastanie zu Waschmittel*

### *Rosskastaniensamen erkennen*

Die Samen sind rund und 3-5 cm groß. Sie haben eine glänzende, glatte und rot-braune Oberfläche. An der breiten Seite haben sie einen weißlichen großen Abdruck, der matt und filzig ist. Die Rosskastaniensamen schauen den essbaren Früchten der Esskastanie (*Castanea sativa*) sehr ähnlich, die jedoch keine Seifenstoffe enthalten und nicht zum Waschen geeignet sind.

### *Sammeln*

Ab Mitte September können die braunen Samen gesammelt werden. Achten Sie beim Sammeln, dass die braune Schale intakt ist und keine Risse aufweist.

### *Verarbeiten*

Nach dem Sammeln sollten die Rosskastanien möglichst frisch verarbeitet werden. Trockene Rosskastanien werden sehr hart und lassen sich nur mit leistungsstarken Geräten verarbeiten. Während der Lagerung sollen die Rosskastanien regelmäßig gewendet werden.

### Reinigen

Die Rosskastaniensamen erst vor der Weiterverarbeitung mit Wasser waschen und gut abtrocknen.

### Zerkleinern

Die Rosskastanien sind groß und hart, und die Küchenmaschinen sind in der Regel nicht für die Zerkleinerung solcher Samen ausgelegt. Daher zuerst die Rosskastanien mit einem Messer in 1 cm kleine Stücke schneiden.

### Pulverisieren

Anschließend werden die vorher zerkleinerten Teile mit einer Küchenmaschine, einem Multizerkleinerer oder einem Fleischwolf pulverisiert. Dabei ist darauf zu achten, dass die Leistung der Maschine ausreichend ist, um die Rosskastanien zu pulverisieren. Starke Maschinen wie professionelle Mixer, Eis-Crusher und Häcksler können auch ganze und trockene Rosskastanien pulverisieren, hier kann auf das Vorschneiden verzichtet werden.

### Trocknen der pulverisierten Rosskastanien

An einem warmen, luftigen oder sonnigen Ort trocknen und immer wieder wenden. Optimal sind Gitter und Tücher, unter die Luft gelangen kann.

### Aufbewahrung

Das trockene Rosskastanienpulver in ein luftdicht verschlossenes Glas füllen. Das Pulver ist mehrere Jahre bei Zimmertemperatur haltbar.

# Waschen, heilen und pflegen mit der Rosskastanie

# *Waschen mit frischen Rosskastanien*

### ZUTATEN

5–10 frische Rosskastanien

### ZUBEREITUNG

Rosskastanien in 1 cm kleine Stücke schneiden. Die zerkleinerten Rosskastanien in ein Stoffsäckchen oder Söckchen füllen und in die Waschtrommel geben. Bei hartem Wasser 50 ml Naturessig in das Waschmittelfach zufügen und die Wäsche wie gewohnt waschen. Nach dem Waschen das Säckchen mit Rosskastanien luftig trocknen. Die Rosskastanien können bis zu 3-mal zum Waschen verwendet werden.

# ROSSKASTANIEN-FLÜSSIGWASCHMITTEL

## ZUTATEN

50 g getrocknetes Rosskastanienpulver oder
5–10 frische und zerkleinerte Rosskastanien · 1 Liter Wasser

## ZUBEREITUNG

Rosskastanien mit Wasser in ein hohes Gefäß füllen.
Mit dem Pürierstab mixen, anschließend das Rosskastanien-extrakt durch ein Feinsieb filtrieren. Alternativ kann die Lauge in ein Glas mit Schraubverschluss gefüllt, gut geschüttelt und filtriert werden. Die klare Flüssigkeit direkt zur Wäsche in die Waschtrommel füllen. Bei hartem Wasser 50 ml Naturessig in das Waschmittelfach zufügen und die Wäsche wie gewohnt waschen. Den gefilterten Rosskastanien-pulver-Rückstand luftig trocknen. Er kann noch 2-3-mal zum Waschen verwendet werden. Dazu die Rosskastanien erneut mit 1 Liter Wasser ansetzen und filtern.

# *Waschen mit Rosskastanienpulver*

### ZUTATEN

50 g getrocknetes Rosskastanienpulver

### ZUBEREITUNG

Rosskastanienpulver in ein Stoffsäckchen oder Söckchen füllen und in die Waschtrommel geben. Bei hartem Wasser 50 ml Naturessig in das Waschmittelfach zufügen und die Wäsche wie gewohnt waschen. Nach dem Waschen das Säckchen mit Rosskastanienpulver luftig trocknen, es kann noch bis zu 3-mal zum Waschen verwendet werden.

# Naturshampoo
## mit Rosskastanie

### ZUTATEN

400 ml Rosskastanien-Flüssigwaschmittel (S. 35)
1 Tasse haarstärkende Kräuter wie Salbei, Rosmarin oder Birke
1 EL Apfelpektin · 1/2 TL Natursalz

### ZUBEREITUNG

Kräuter in kleine Stücke schneiden. Kräuter, Salz und das Rosskastanien-Flüssigwaschmittel in ein hohes Gefäß füllen und mit dem Pürierstab mixen. 1 Stunde stehen lassen, anschließend das Kräuterextrakt durch ein Teesieb filtrieren. Apfelpektin zum flüssigen Extrakt geben und erneut mit dem Pürierstab mixen. Das fertige Shampoo durch ein Sieb filtrieren und in eine Shampooflasche füllen.

### ANWENDUNG

In den nassen Haaren verteilen und wie ein normales Shampoo verwenden. Die Menge reicht für 1–2 Anwendungen.

### WIRKUNG

Stärkt Haare und Haarboden, reguliert die Talgproduktion, reduziert Schuppen und Juckreiz.

### HALTBARKEIT

1–2 Tage bei Zimmertemperatur

# UNIVERSALES
# BIO-REINIGUNGSMITTEL

### ZUTATEN

500 ml Rosskastanien-Flüssigwaschmittel (S. 35)
100 ml 40%-iger Alkohol · eine unbehandelte Bio-Zitrone

### ZUBEREITUNG

Zitronenschale reiben, Zitronensaft auspressen. Zitronenschale und -saft, Rosskastanie und Alkohol im Mixer gut
mixen. Das Extrakt durch einen Teefilter filtrieren und in
eine Zerstäuberflasche füllen.

### ANWENDUNG

Als Putz- und Reinigungsmittel, Geschirrspülmittel, Bad-
und Fensterreiniger

### WIRKUNG

desinfizierend, kalk- und schmutzlösend, antibakteriell

### HALTBARKEIT

1 Monat bei Zimmertemperatur

# Biologisches Geschirrspülmittel

## ZUTATEN

500 ml Rosskastanien-Flüssigwaschmittel (S. 35)
100 ml Naturessig · 1 EL Apfelpektin

## ZUBEREITUNG

Alle Komponenten mit dem Pürierstab mixen.

## VERWENDUNG ALS HANDGESCHIRRSPÜLER

Füllen Sie das Geschirrspülmittel in eine Flasche und verwenden Sie es zum Reinigen des Geschirrs.

## VERWENDUNG IN DER GESCHIRRSPÜLMASCHINE

Füllen Sie 300 ml des biologischen Geschirrspülmittels direkt in den Innenraum der Geschirrspülmaschine. Tür verschließen und das Geschirr reinigen lassen.

## HALTBARKEIT

1 Monat bei Zimmertemperatur

# VENENSPRAY BEI KRAMPFADERN UND MÜDEN BEINEN

### ZUTATEN

100 ml Rosskastanien-Flüssigwaschmittel (S. 35)
1 Tropfen ätherisches Minzöl · 1 TL Natron

### ZUBEREITUNG

Alle Inhaltsstoffe vermischen und in eine Zerstäuberflasche füllen.

### ANWENDUNG

Die Beine großzügig besprühen und lufttrocknen lassen.

### WIRKUNG

Das Venenspray hilft bei Krampfadern, angeschwollenen Beinen, Ödemen, Venenentzündungen und Besenreisern.

### HALTBARKEIT

2 Monate bei Zimmertemperatur

# Venenstärkende Tinktur

## ZUTATEN

20 frische Rosskastanien · 500 ml 40%-iger Alkohol

## ZUBEREITUNG

Rosskastanien in kleine Stücke schneiden. Rosskastanien und Alkohol in ein Glas mit Schraubverschluss füllen. Gut schütteln und mindestens 1 Monat stehen lassen. Immer wieder schütteln. Am Ende die Tinktur abseihen und in eine Flasche füllen.

## ANWENDUNG

Die Tinktur pur oder 1:1 mit Wasser verdünnt auf die betroffenen Stellen auftragen und einziehen lassen.

## WIRKUNG

Unterstützt die Aktivität der Venen und verhindert ihre Durchlässigkeit; hilft bei Venenschwäche, -entzündungen, Krampfadern, Besenreisern, Couperose und Ödemen.

## HALTBARKEIT

1 Jahr bei Zimmertemperatur

# Efeu:
# Das immergrüne
# Waschmittel

## Efeu als Waschpflanze

Der Gewöhnliche Efeu (*Hedera helix*) ist im wahrsten Sinne ein schnell nachwachsendes Naturwaschmittel. Er überwuchert Gärten, Mauern und Wälder und liefert ganzjährig ökoneutrale Seifenstoffe. Verwendet werden vor allem ältere Blätter und die dunklen Beeren, in denen sich besonders viel Saponin konzentriert. Die Blätter des Efeus enthalten Triterpensaponine, Hederin-Verbindungen, Flavonoide, Glykoside, ätherisches Öl, Chlorophyll und Kaffeesäurederivate. »Witwenpflanze« wurde Efeu in der Vergangenheit

genannt, da diese ihn als Waschmittel für ihre Trauerklei-
dung verwendeten, um die Farben vor dem Ausbleichen zu
schützen. Efeu eignet sich zum Waschen von bunten, dunklen und feinen Textilien. Er ist geruchsneutral und ein sanftes, hautverträgliches und rückfettendes Naturwaschmittel.
Besonders empfehlenswert ist er als hypoallergenes Waschmittel für Kinder und Menschen mit sensibler Haut.

### *Die Efeublätter in der Naturapotheke*

Efeu ist eine alte Naturarznei und wurde vor allem bei
Verbrennungen und Wunden verwendet. Seine positive
Wirkung bei Husten und Bronchitis wurde allerdings erst im
19. Jahrhundert zufällig entdeckt: Ein Arzt beobachtete,
dass Kinder, die ihre Milch aus Efeugefäßen tranken, selten
Husten bekamen. Seitdem wurde die arzneiliche Wirkung
des Efeus wissenschaftlich erforscht. Er liefert heute die
Basis zahlreicher Medikamente gegen Husten. Hauptwirk-
stoffe im Efeu sind Hederinverbindungen, Seifenstoffe mit
pilzhemmender, antibakterieller, schleimlösender, ent-
krampfender und schmerzlindernder Wirkung. Innerlich
verabreicht ist Efeu eine Basisarznei bei Bronchitis, Reiz-
husten und Verschleimungen. Extrakte aus Efeu wirken äußerlich aufgetragen adstringierend, entzündungshemmend,
antineuralgisch, wasserausleitend und gefäßverengend. Eingesetzt werden sie gegen Rheuma, Ödeme, Arthritis und

Cellulite. Volksmedizinische Anwendungen attestieren Efeu eine kühlende, fiebersenkende, wundheilende, abschwellende und hautberuhigende Kraft und er wird zur Behandlung von Brandwunden, Ekzemen, Kopfschmerzen, Geschwüren, Fieber und Entzündungen verwendet.

### Hautpflegender Efeu

Efeublätter sind mild zur Haut, schützen sie vor Austrocknung und wirken rückfettend. Efeu kann als Basis von Duschgels, Shampoos und Flüssigwaschmittel verwendet werden. Als Anti-Cellulite-Öl ist Efeu ein erprobtes Mittel, es strafft die Haut und glättet das Bindegewebe. Ebenso kann das Öl nach Sonnenbrand, bei Akne, Juckreiz und unreiner Haut angewendet werden.

### Umweltaspekte der Nutzung des Efeus

Als Zierpflanze und Wildpflanze spendet Efeu Schatten, ist eine natürliche kühlende Klimaanlage und ein Refugium für Vögel und andere Tiere. Der immergrüne Kletterer bietet ein nachhaltiges und rasch nachwachsendes Naturwaschmittel. Efeu kann ökoneutral gesammelt und verwendet werden. Seine Seifenstoffe entlasten die Umwelt und sind zu 100% natürlich abbaubar. Die systematische Nutzung von Efeu als Waschmittel würde Flora und Fauna schützen und die Chemikalienbelastung in der Natur reduzieren.

### Keine Angst vor Efeu!

Obwohl Efeu in der Naturheilkunde in Husten- und Cellulitepräparaten verwendet wird, nehmen viele Menschen an, er sei giftig. Dies beruht vor allem auf der Tatsache, dass Efeu keine klassische Esspflanze, sondern eine wichtige Naturarznei ist. Er kann sowohl innerlich als Tee, Tinktur oder Extrakt, als auch äußerlich als Öl, Auflage oder Einreibung angewendet werden. Bei den Angaben im Buch ist die Verwendung von Efeu unbedenklich und sicher. Generell ist anzumerken, dass Vergiftungen mit Efeu äußerst selten vorkommen. Sein seifig-bitterer Geschmack ist ein effektives »Frühwarnsystem« und verhindert natürlich die Einnahme größerer Mengen. Es ist daher sinnvoll, weniger vor der Giftigkeit des Efeus zu warnen als vielmehr den richtigen Umgang mit ihm zu lernen, denn Pflanzen werden nur dann als giftig erachtet, wenn das Wissen über ihre Nutzung verschwindet.

Ein weiterer Grund für die vermeintliche Giftigkeit des heimischen Efeus wurzelt in einer Namensverwechslung. Efeu wird oft mit dem tatsächlich hautreizenden Giftefeu verwechselt (*Eichenblättrige Giftsumach,* lat. *Toxicodendron* oder *Rhus radicans,* engl. *Poison Ivy*). Giftefeu ist eine in Amerika vorkommende Pflanze und nur vereinzelt als Neophyt in Mitteleuropa zu finden. Die Pflanzen haben ansonsten nichts gemeinsam. Sie gehören zu verschiedenen Pflanzenfamilien und sind sehr gut anhand ihrer vegetativen Merkmale voneinander zu unterscheiden. Das eindeutigste Erkennungsmerkmal des Giftefeus ist der milchig-gelbe Saft, der in allen seinen Pflanzenteilen fließt. Beim Kontakt mit Luft verfärbt sich der Saft schwarz und entwickelt einen ekelerregenden Gestank. Efeu hingegen enthält keinen milchigen Saft und riecht angenehm neutral.

## Sammeln und verarbeiten
## des Efeus zu Waschmittel

### Efeublätter und Efeubeeren erkennen

Die Pflanze ist ein Wurzelkletterer und wächst in Wäldern, Gärten, an Baumstämmen oder Hausmauern. Charakteristisch bei Efeu ist seine flaumbedeckte und mit Haftwurzeln bedeckte Rinde. Die Efeublätter sind ledrig, dunkel, glänzend, kahl und mit hellen Blattnerven versehen. Die obere Seite der Blätter ist hell. Die jungen Blätter des Efeus sind 3-5-lappig und haben einen glatten Rand, ältere Blätter verlieren ihre Lappen und werden eiförmig. An den Frucht-

ständen wachsen mehrere kugelige Früchte, die mit ihrer violetten Färbung an Heidelbeeren erinnern.

### *Sammeln*

Die Efeublätter können ganzjährig gesammelt werden, die höchste Konzentration der Saponine weisen sie allerdings im Sommer auf. Gesammelt werden vor allem große Blätter ohne Stängel. Im Winter und Frühjahr können auch die Beeren gesammelt werden, sobald sich diese dunkel färben.

### *Reinigen*

Die Pflanzenteile sollten vor der Weiterverarbeitung mit Wasser gewaschen und gut abgetrocknet werden.

### *Trocknen*

Die Blätter und Beeren sollen im Ganzen an einem warmen, luftigen oder sonnigen Ort getrocknet werden. Immer wieder wenden, um die Feuchtigkeit entweichen zu lassen.

### *Weiterverarbeitung*

Nach der Trocknung die Pflanzenteile im Mixer pulverisieren.

### *Aufbewahrung*

Das trockene Efeupulver kann in einem luftdicht verschlossenen Glas mehrere Jahre aufbewahrt werden.

*Waschen, heilen und pflegen mit Efeu*

# *E*FEU-*T*ROCKENWASCHPULVER

### ZUTATEN

100-ml-Glas mit getrocknetem Efeupulver oder
200-ml-Glas mit zerkleinerten frischen Efeublättern oder
50-ml-Glas mit zerquetschen frischen Beeren

### ZUBEREITUNG

Efeu in ein Stoffsäckchen oder Söckchen füllen und direkt
zur Wäsche in die Waschtrommel geben. Bei hartem Wasser
50 ml Naturessig in das Waschmittelfach zufügen und die
Wäsche wie gewohnt waschen. Nach dem Waschen das
Säckchen luftig trocknen. Das Efeupulver kann noch 1-mal
zum Waschen verwendet werden.

# Efeu-Flüssigwaschmittel

## ZUTATEN

100-ml-Glas mit getrocknetem Efeupulver oder
200-ml-Glas mit zerkleinerten frischen Efeublättern oder
50-ml-Glas mit zerquetschen frischen Beeren
1 Liter Wasser

## ZUBEREITUNG

Efeu mit Wasser in ein hohes Gefäß füllen. Mit dem Pürierstab mixen, anschließend das Efeuextrakt durch ein Feinsieb filtrieren. Alternativ kann die Lauge in ein Glas mit Schraubverschluss gefüllt, gut geschüttelt und filtriert werden. Die klare Flüssigkeit direkt zur Wäsche in die Waschtrommel füllen. Bei hartem Wasser 50 ml Naturessig in das Waschmittelfach zufügen und die Wäsche wie gewohnt waschen. Den gefilterten Efeupulver-Rückstand luftig trocknen. Er kann noch 1-2-mal zum Waschen verwendet werden. Dazu den Efeu erneut mit 1 Liter Wasser ansetzen und filtern.

# FLÜSSIGSEIFE MIT EFEUBLÄTTERN FÜR SENSIBLE HAUT

### ZUTATEN

300 ml Efeu-Flüssigwaschmittel (S. 53) · 1 EL Lavendelblüten
1 EL Apfelpektin · 1 EL Efeubeerenöl (S. 56)

### ZUBEREITUNG

Alle Zutaten in einen Topf füllen und mit dem Pürierstab mixen. Zum Kochen bringen und unter Rühren 10 Minuten köcheln lassen. Herd abdrehen und die Flüssigkeit durch einen Feinsieb filtrieren. Die Flüssigseife in eine Spenderflasche füllen.

### ANWENDUNG

Als Flüssigseife, Duschgel und Haarshampoo

### WIRKUNG

Milde Flüssigseife für Menschen mit sensibler Haut, unterstützt die Hautregeneration, wirkt rückfettend und feuchtigkeitsspendend.

### HALTBARKEIT

1–3 Wochen bei Zimmertemperatur

# KÜHLENDES SPRAY BEI VERBRENNUNGEN

## ZUTATEN

100 ml Efeu-Flüssigwaschmittel (S. 53) · 1 EL Naturessig
1 TL Efeubeerenöl (S. 56) · 1/2 TL Natursalz

## ZUBEREITUNG

Alle Inhaltsstoffe vermischen und in eine Zerstäuberflasche
füllen. Vor dem Gebrauch gut schütteln.

## ANWENDUNG

Auf die irritierten Hautstellen sprühen und einziehen lassen.

## WIRKUNG

Beruhigt die Haut nach Sonnenbrand und Verbrennungen,
hilft bei Hautirritationen, Juckreiz und Entzündungen.

## HALTBARKEIT

2 Monate bei Zimmertemperatur

# Efeubeerenöl gegen Cellulite

## ZUTATEN

Je eine Handvoll Efeubeeren und -blätter
500 ml Olivenöl · 1 TL Natursalz

## ZUBEREITUNG

Efeublätter in kleine Stücke schneiden, Efeubeeren zerdrücken. Efeu und Öl in einen Topf füllen und zum Kochen bringen. 10 Minuten köcheln lassen, Herd abdrehen und das Öl in der Resthitze über Nacht stehen lassen. Am nächsten Tag das Öl erneut einmal aufkochen lassen, Herd abdrehen und das Öl durch ein Feinsieb filtrieren. Das Efeubeerenöl in eine Flasche füllen, optional 1-3 Tropfen ätherisches Minzöl zugeben.

## ANWENDUNG

Eine kleine Menge Efeubeerenöl in den Handflächen verteilen und in die Haut einmassieren.

## WIRKUNG

Kann bei Cellulite, Ödemen, Sonnenbrand und Entzündungen angewendet werden.

## HALTBARKEIT

1 Jahr bei Zimmertemperatur

# EFEU-HUSTENSAFT

## ZUTATEN

3 große Efeublätter · 100 ml Efeu-Flüssigwaschmittel (S. 53)
500 g Waldhonig · Je 1 EL getrockneter Thymian und Salbei
100 g Apfelessig

## ZUBEREITUNG

Efeu in sehr kleine Stücke schneiden, Thymian und Salbei pulverisieren. Alle Zutaten in ein Glas füllen und gut umrühren. 1 Monat dunkel ausziehen lassen, immer wieder schütteln oder umrühren. Den Hustensaft durch ein Feinsieb filtrieren und in eine Flasche füllen.

## ANWENDUNG ALS HUSTENSAFT

Bei Husten 1 TL einnehmen und einwirken lassen, bei Bedarf wiederholen. Alternativ kann 1 EL des Hustensafts in 250 ml Tee vermischt und schluckweise getrunken werden.

## WIRKUNG

Hustenberuhigend, erweichend, schleimlösend, reizlindernd, auswurfsfördernd

## HALTBARKEIT

6 Monate bei Zimmertemperatur

# Seifenkraut:
# Die blühende
# Waschwurz

## *Seifenkraut als Waschpflanze*

Die bekannteste Waschpflanze ist Seifenkraut (*Saponaria officinalis*). Verwildert wächst es bevorzugt in der Nähe von Flüssen, lässt sich aber auch im Garten kultivieren, wo es große Bestände bilden kann. Als mehrjährige Pflanze entwickelt Seifenkraut stark verzweigte Rhizome, mit denen sich der Wurzelstock gut in der Erde verankert. Mit einem Gehalt von 2,5-8% Saponinen in der Trockenmasse enthält die Pflanze verhältnismäßig viele Seifenstoffe, die sich vor allem in den Wurzeln und Blättern konzentrieren. In vielen Ländern wurde Seifenkraut als Volkswaschmittel verwendet. Diese Nutzung bestätigen Namen wie Waschwurz, Seifenwurzel oder Waschlaugenkraut. Für Textilien ist Seifenkraut ein schonendes Waschmittel und wird noch heute bei der Restaurierung und Reinigung historischer Stoffe und Tapisserien verwendet. Die Gewinnung der Saponine ist etwas aufwendiger als bei den anderen Waschpflanzen: Die Pflanze muss ausgegraben und die holzigen Wurzeln werden gewaschen und zerkleinert.

## *Verwendung der Seifenkrautwurzel in der Naturapotheke*

Wie der Name »officinalis« verrät, ist Seifenkraut eine Arzneipflanze. Die Wurzel enthält Saponarioside A und B, Saporin, Triterpensaponine, Quillajasäure, Flavonoide, Harze und Vitamin C. Hieronymus Bock beschreibt als Erster im 16. Jahrhundert die »Speichelwurz« als Mittel gegen schweren Atem. Innerlich eingenommen wirkt die Pflanze antibakteriell, pilzhemmend, antiviral, reinigend, schleimlösend und ist eine bewährte Arznei gegen Bronchitis, Grippe, Husten und Schleimhautentzündungen. Äußerlich aufgetragen haben Extrakte aus Seifenkraut eine entzündungshemmende und hautregenerierende Wirkung. Seifenkraut ist ein bewährtes Mittel bei Psoriasis, Neurodermitis, Allergien, Akne und Ekzemen. Saporin, ein Protein in der Seifenkrautwurzel mit tumorhemmender Wirkung, wird in der Medizin zur Behandlung von Krebs getestet.

### Seifenkraut in der Hautpflege

Aus der Pflanze können Shampoos, Duschgels und Flüssigwaschmittel hergestellt werden. Die Wirkstoffe des Seifenkrauts sind sanft zur Haut und eignen sich als Reinigungsmittel bei empfindlicher und irritierter Haut.

### Umweltaspekte

Seifenkraut ist ein heilsames Naturwaschmittel, seine Nutzung fördert die Gesundheit und entlastet die Umwelt. Es bildet in der Natur oft große Bestände, wodurch es sich als Waschpflanze besonders gut eignet: Seifenkraut entlastet die Kläranlagen, ist sanft zu Wasserlebewesen und baut sich rasch und zu 100% im Kreislauf der Natur ab.

# Sammeln und verarbeiten des Seifenkrauts zu Waschmittel

### Seifenkraut erkennen

Die Pflanze ist mehrjährig und kann bis zu 80 cm hoch werden. Die Blätter wachsen lanzettartig und dicht um den unverzweigten und leicht behaarten Stängel, die leicht duftenden Blüten sind rosa-violett und haben 5 Blütenblätter. Eindeutiges Erkennungsmerkmal ist die stark verzweigte Wurzel, die fingerdicke Rhizome bildet. Wird die Wurzel in Stücke geschnitten, treten beim Kontakt mit Wasser die Seifenstoffe aus, das Wasser fühlt sich weich und seifig an und beginnt zu schäumen.

### Sammeln

Gesammelt werden die Wurzeln vom Herbst bis ins Frühjahr und die oberirdischen Pflanzenteile während der Vegetationszeit. Die Wurzeln können auch im Sommer gesammelt werden, enthalten jedoch weniger Seifenstoffe als in der Herbst-Winterzeit. Beim Sammeln der Wurzeln werden die Pflanzen behutsam ausgegraben, um Verletzungen der Wurzeln der Nebenpflanzen zu vermeiden. Beim Sammeln der oberirdischen Teile werden Blätter und Blüten gesammelt. Achten Sie beim Sammeln, dass der Bestand groß ist und sammeln Sie nur so viele Pflanzen, wie Sie tatsächlich brauchen.

### Verarbeiten

Nach dem Sammeln werden die Wurzeln von Erde befreit und mit Wasser gewaschen. Zum Reinigen der Wurzeln kann eine Bürste verwendet werden. Nach dem Waschen werden die Wurzeln auf eine saugfähige Unterlage zum Abtropfen und Trocknen gelegt. Die Pflanzenteile können noch frisch weiterverarbeitet oder vollständig getrocknet werden.

### Zerkleinern

Die Wurzeln werden noch frisch mit einem Messer in circa 1 cm kleine Stücke geschnitten. Alternativ eignen sich gute Haushaltsmixer mit Zerkleinerungsfunktion.

### *Trocknen*

Nach dem Schneiden werden die zerkleinerten Wurzeln zum Trocknen auf eine saugfähige Unterlage gelegt. Getrocknet wird an einem warmen, luftigen oder sonnigen Ort. Während der Trocknung sollen die Wurzeln immer wieder gewendet werden. Die Blätter werden nicht zerkleinert, sondern im Ganzen getrocknet.

### *Herstellen des Waschpulvers aus Seifenkraut*

Nach der Trocknung die Wurzeln und/oder die Blätter im Mixer pulverisieren.

### *Aufbewahrung*

Das trockene Pulver in ein luftdicht verschlossenes Glas füllen. Das Pulver ist mehrere Jahre haltbar.

# Waschen, heilen und pflegen mit Seifenkraut

# Seifenkraut-
# Trockenwaschpulver

......................................................

### ZUTATEN

150 g frische und zerkleinerte Seifenkrautwurzeln oder
100 g getrocknete und pulverisierte Seifenkrautwurzeln oder
200-ml-Glas mit frischen und zerkleinerten Seifenkrautblättern

### ZUBEREITUNG

Seifenkraut in ein Stoffsäckchen oder Söckchen füllen und
direkt zur Wäsche in die Waschtrommel geben. Bei hartem
Wasser 50 ml Naturessig in das Waschmittelfach zufügen
und die Wäsche wie gewohnt waschen. Nach dem Waschen
das Säckchen luftig trocknen, das Seifenkraut kann noch
1-2-mal zum Waschen verwendet werden.

# SEIFENKRAUT-FLÜSSIGWASCHMITTEL

## ZUTATEN

150 g frische und zerkleinerte Seifenkrautwurzeln oder
100 g getrocknete und pulverisierte Seifenkrautwurzeln oder
ein 200-ml-Glas mit frischen und zerkleinerten
Seifenkrautblättern · 1 Liter Wasser

## ZUBEREITUNG

Seifenkraut und Wasser in ein hohes Gefäß füllen. Mit dem Pürierstab mixen, anschließend das Seifenkrautextrakt durch ein Feinsieb filtrieren. Alternativ kann die Lauge in ein Glas mit Schraubverschluss gefüllt, gut geschüttelt und filtriert werden. Das Seifenkraut-Extrakt direkt in die Waschtrommel füllen. Bei hartem Wasser 50 ml Naturessig in das Waschmittelfach zufügen und die Wäsche wie gewohnt waschen. Den gefilterten Seifenkrautpulver-Rückstand luftig trocknen. Er kann noch 2-3-mal zum Waschen verwendet werden. Dazu das Seifenkraut erneut mit 1 Liter Wasser ansetzen und filtern.

# Natur-Geschirrspülmittel

### ZUTATEN

50-ml-Glas mit Seifenkrautpulver

### ZUBEREITUNG

Seifenkrautpulver in ein Stoffsäckchen oder Söckchen füllen. Das Säckchen direkt in den Geschirrspüler legen. 50 ml Essig in das Klarspülfach füllen und den Geschirrspüler einschalten. Nach dem Waschen soll das Säckchen luftgetrocknet werden und kann erneut 1-2-mal zum Waschen verwendet werden.

# FRAUENKRÄUTERBAD
## MIT WASCHWURZ

·······································

### ZUTATEN

3 Liter Seifenkraut-Flüssigwaschmittel (S. 67) · 2 Handvoll
entspannende Kräuter wie Salbei, Linde, Kamille, Holunder,
Mädesüß · 1 Liter Milch oder Kokosmilch · 300 g Natursalz

### ZUBEREITUNG

Kräuter abzupfen und die holzigen Teile entfernen. Alle
Zutaten in einen Topf füllen und mit dem Pürierstab mixen.
Zum Kochen bringen und unter Rühren 10 Minuten köcheln
lassen. Herd abdrehen, das Extrakt 1 Stunde ziehen lassen,
danach durch ein Feinsieb filtrieren. Zum Badewasser geben und 1 Stunde darin baden.

### ANWENDUNG

Entspannendes und regenerierendes Bad für die gestresste
Haut

### WIRKUNG

Feuchtigkeitsspendend, hautberuhigend, entgiftend

### HALTBARKEIT

Sofort verwenden

# Mildes Kinderduschgel mit Seifenkraut

## ZUTATEN

100 g Seifenkrautpulver · 500 ml Molke
1/2 TL Natursalz · 1 EL Apfelpektin

## ZUBEREITUNG

Alle Zutaten bis auf das Pektin vermischen und zum Kochen bringen. 15 Minuten zugedeckt köcheln lassen, anschließend Herd abdrehen und die Flüssigkeit 1 Stunde in der Resthitze stehen lassen. Die Flüssigkeit durch ein Teesieb filtrieren und Apfelpektin mit dem Pürierstab einarbeiten. Das Kinderduschgel in eine Spenderflasche füllen und wie ein Duschgel verwenden.

## ANWENDUNG

Als sanftes Duschgel und Flüssigseife

## WIRKUNG

Wirkt hautberuhigend, rückfettend und feuchtigkeitsspendend. Unterstützt die natürliche Hautregeneration und ist auch für Menschen mit sensibler Haut geeignet.

## HALTBARKEIT

Bei hygienischer Anwendung 1 Monat bei Zimmertemperatur

# HUSTENWURZ-HEILELIXIER

### ZUTATEN

100-ml-Glas mit getrockneten Seifenkrautblättern und -blüten
200-ml-Glas mit frischen zerkleinerten Spitzwegerich-Blättern
100 ml Seifenkraut-Flüssigwaschmittel (S. 67)
800 g Waldhonig · 200 ml Rotwein

### ZUBEREITUNG

Alle Zutaten vermischen und im Kühlschrank 1 Woche ziehen lassen. Immer wieder schütteln. Das Hustenwurz-Elixier durch ein Feinsieb filtrieren und in eine Flasche füllen. Kühl und dunkel aufbewahren.

### VERWENDUNG ALS HEILELIXIER

1 EL bei Husten einnehmen und einwirken lassen. Alternativ kann 1 EL in 250 ml Tee aufgelöst und schluckweise getrunken werden.

### WIRKUNG

Bei Husten, Bronchitis und Halsschmerzen wirkt das Hustenwurz-Elixier beruhigend, auswurfsfördernd und entzündungshemmend.

### HALTBARKEIT

6 Monate im Kühlschrank

# HAUTBERUHIGENDES SPRAY BEI NEURODERMITIS

### ZUTATEN

200 ml Seifenkraut-Flüssigwaschmittel (S. 67)
1/2 TL Natursalz · 1 TL Natron

### ZUBEREITUNG

Alle Zutaten vermischen und in eine Zerstäuberflasche füllen. Vor dem Gebrauch gut schütteln.

### ANWENDUNG

Auf die betroffenen Stellen sprühen und einziehen lassen.

### WIRKUNG

Beruhigt die Haut bei Neurodermitis, Juckreiz und Psoriasis, unterstützt die Hautregeneration.

### HALTBARKEIT

2 Monate bei Zimmertemperatur

Weitere
Waschpflanzen aus
Wald und Wiese

### *Adlerfarn (Pteridium aquilinum)*

Adlerfarn wächst bevorzugt in Wäldern, wo er sich schnell vegetativ ausbreitet. Aufgrund seiner Verbreitung und seines raschen Wachstums eignet er sich als nachwachsende »Wald-Seife«. Seine Saponine konzentrieren sich vor allem in Blattstielen und Rhizomen. Die Pflanze ist medizinwirksam: Extrakte aus Adlerfarn finden in der Volksheilkunde als Einreibung oder Kompresse bei Rheuma und Gicht Anwendung.

### *Ahorn (Acer)*

Zu der Familie der Seifenbaumgewächse gehören auch die Ahorne. Sie sind beliebte Straßen- und Parkbäume, ebenso wachsen sie in Wäldern und auf Wiesen. Ihre Seifenstoffe konzentrieren sich vor allem in Blättern und Rinde. Als Waschpflanzen eignen sich vor allem Bergahorn (*Acer pseudoplatanus*), Feldahorn (*Acer campestre*) und Spitzahorn (*Acer platanoides*). Ahorne sind vergessene Heilbäume, die bei Geschwüren, Fieber und Schwellungen angewendet werden.

### *Birke (Betula)*

Als Heilpflanze ist die Birke für ihre harntreibende, blutreinigende und entzündungshemmende Wirkung bekannt, ihre Waschkraft ist jedoch weitgehend unbekannt. Die Blätter der Birke enthalten Seifenstoffe und bieten sich als mildes Waschmittel an. Waschlaugen aus Birke eignen sich besonders für Kinder sowie für Menschen mit Hautproblemen wie Neurodermitis oder Psoriasis und bei Wunden. Neben Saponinen enthält der Baum weitere heilsame Wirkstoffe wie Betulin, das in der anthroposophischen Medizin zur Heilung von Hautkrankheiten eingesetzt wird.

### *Oxalhaltige Pflanzen*

Neben den Saponinen ist auch die Oxalsäure eine waschaktive Substanz. Oxalsäure ähnelt dem Essig: Es ist ein natürlicher Wasserenthärter, entfernt Flecken und verbessert die Reinigungskraft beim Waschen. Zum Waschen können oxalhaltige Pflanzen wie Sauerklee, Rhabarber, Amaranth, Melde, Portulak, Mangold, Spinat oder Gänsefuß verwendet werden. Besonders reich an Oxalsäure sind die älteren Pflanzenteile.

### *Schleimstoffhaltige Pflanzen*

Stärke und Schleimstoffe sind ebenfalls natürliche Waschmittel. Stärke verändert die Wascheigenschaften des Wassers, macht es weich und wirkt wie mildes Waschmittel und Fleckentferner. Stärke- und schleimstoffhaltige Pflanzen sind Kartoffeln, Bohnen, Erbsen, Linsen, Weizen, Gerste, Hafer, Reis, Mais, Kamut, Hirse, Dinkel, Leinsamen und Flohsamen.

# Eine grüne Zukunft beginnt jetzt

Das Buch ist hier zu Ende, die Wiederentdeckung der heimischen Waschflora steht allerdings erst am Anfang. In Wäldern und auf Wiesen wachsen viele heilsame Waschpflanzen, die Saponine, Stärke, Oxalsäure, Schleimstoffe und andere waschaktive Substanzen in sich konzentrieren.

Es lohnt sich also, vor dem nächsten Waschgang eine Entdeckungsreise in die reiche heimische Waschlandschaft zu unternehmen!

## WEITERFÜHRENDE LITERATUR

Nedoma, Gabriela:
Naturwaschmittel Rosskastanie. Die heimische Waschnuss
   als ökologische Alternative. Aesculus Verlag, 2015
Grüne Kosmetik. Bio-Pflege aus Küche und Garten. Freya, 2013
Knospen und die lebendigen Kräfte der Bäume. Freya, 2014
Naturseifen selber machen. Servus Verlag, 2014
Biokosmetik. Vegan, frisch, naturbelassen. Thorbecke, 2015
Heilsalben aus Wald und Wiese. Servus Verlag, 2015

Diplomarbeit »Rosskastanien als Waschmittel. Vergleich eines sozial-ökologischen Waschmittels aus Rosskastanien mit einem herkömmlichen Waschmittel hinsichtlich chemischer, zytotoxischer und ökotoxikologischer Eigenschaften. Isolierung und Identifikation von waschaktiven Hauptkomponenten der Rosskastanie.« Sophie-Kathrin Baumgartner und Carmen Buczolich, Höhere Bundeslehr- und Versuchsanstalt für chemische Industrie Wien und Fachhochschule Technikum Wien

Kostenlose Informationsmaterialien »die umweltberatung« Wien:
Infoblatt: »Naturwaschmittel aus Rosskastanien«.
   Download: http://www.umweltberatung.at/downloads/rosskastanien-infobl-reinigung.pdf
Broschüre »Schickes Outfit? Neu? Ja, aber ökologisch!«.
   Download: http://www.umweltberatung.at/downloads/textilbroschuere_web.pdf
Infoblatt »Die Waschnuss«.
   Download: http://www.umweltberatung.at/waschnuss
Infoblatt »Oh Schreck ein Fleck«.
   Download: http://www.umweltberatung.at/oh-schreck-ein-fleck
Infoblatt »Naturkosmetik selbstgemacht«.
   Download: http://www.umweltberatung.at/naturkosmetik
Broschüre »Chemie im Haushalt«.
   Download: http://www.umweltberatung.at/downloads/chemie-im-Haushalt-Broschuere.pdf

# Die Servus-Familie

**Servus** ist regional verwurzelt und steht für Werte wie Natürlichkeit, Brauchtum, unvergängliche Schönheit, Lebensfreude, Genuss und das fast vergessene Wissen, in dem unendlich viel Modernität steckt.

**ServusTV** liefert Kultur, Heimat, Natur, Unterhaltung, Sport und Informationen stets in höchster Qualität – einfach bessere Unterhaltung.

Das **Magazin Servus in Stadt & Land** widmet sich Monat für Monat allen Themen, die das Leben im jahreszeitlichen Rhythmus einfach und schön machen.

Der **Servus Buchverlag** macht in traditioneller Buchmacherkunst die Heimat erlebbar.

Der **Online-Shop Servus am Marktplatz** bietet liebevoll hergestellte regionale Handwerksprodukte.

Die Servus-Familie: Heimat für alle Sinne!

## Über die Autorin

**Gabriela Nedoma** ist Buchautorin, Naturpädagogin und Expertin für Grüne Kosmetik. Sie startete die Initiative »Natur schützt Haut« und unterrichtet im Lehrgang »Grüne-Kosmetik-Pädagogik« die Grundlagen naturbelassener Hautpflege. Als gefragte Naturreferentin engagiert sie sich in Projekten an Schulen und in der Erwachsenenbildung für ein Leben im Einklang mit der Natur. Gabriela Nedoma lebt mit ihrem Mann in Niederösterreich.

3. Auflage 2022 © 2019 Servus bei Benevento Publishing, eine Marke der Red Bull Media House GmbH, Wals bei Salzburg · Alle Rechte vorbehalten, insbesondere das des öffentlichen Vortrags, der Übertragung durch Rundfunk und Fernsehen sowie der Übersetzung, auch einzelner Teile. Kein Teil des Werkes darf in irgendeiner Form (durch Fotografie, Mikrofilm oder andere Verfahren) ohne schriftliche Genehmigung des Verlages reproduziert oder unter Verwendung elektronischer Systeme verarbeitet, vervielfältigt oder verbreitet werden. Satz aus der Hoefler Text und The Sans. · Medieninhaber, Verleger und Herausgeber: Red Bull Media House GmbH · Oberst-Lepperdinger-Straße 11–15 · 5071 Wals bei Salzburg, Österreich · Gestaltung und Satz: wir sind artisten · Bilder: Cover und Innenteil: Michaela Gabler, außer S. 44 Science Photo Library/picturedesk.com und S. 47 Tim Graham/robertharding/picturedesk.com

Printed by Buch Theiss GmbH in Austria
ISBN 978-3-7104-0200-5